I0208741

www.ingramcontent.com/pod-product-compliance
Lightning Source LLC
Chambersburg PA
CBHW061954070426
42450CB00011BA/3034
* 9 7 8 1 6 8 0 3 7 8 3 3 7 *

108 אימרות של אָמַה על טבע

108 אימרות של אָמַה על טבע

הוצאה לאור:
Mata Amritanandamayi Center
P.O. Box 613, San Ramon
CA 94583, United States

--------*108 Quotes on Nature (Hebrew)* --------

Copyright 2020 © Mata Amritanandamayi Center
P.O. Box 613, San Ramon
CA 94583, United States

כל הזכויות שמורות. אין לאחסן במאגרי מידע, לשדר, להעתיק, לשכתב או לתרגם לכל שפה, בכל דרך, בכל צורה, כל חלק שהוא מהחומר שבספר זה, ללא הסכם כתוב מראש, ברשות מפורשת מההוצאה לאור.

בהודו:
www.amritapuri.org
inform@amritapuri.org

בישראל:
www.amma.org.il
info@amma.org.il

1

הטבע הוא אלוהים בצורתו הנראית, שאותו אנו יכולים לראות ולחוות דרך חושינו. על ידי אהבת הטבע ושירותו, אנו סוגדים ישירות את האל. בואו וננסה להחיות את הגישה הזאת.

2

קיימת אמת אחת הזורחת מתוך הבריאה כולה. אלוהים הוא התודעה הטהורה השוכנת בכל הדברים. נהרות, הרים, צמחים, בעלי חיים, השמש, הירח והכוכבים, אתם ואני.. כולנו התבטאויות של מציאות יחידה זו. על ידי הטמעת אמת זו בחיינו ועל ידי השגת הבנה עמוקה יותר, יכולים אנו לגלות את היופי הגלום במגוון הדברים.

3

טבענו האמיתי הוא כמו השמיים, לא כמו העננים. טבענו האמיתי הוא כמו האוקיינוס, לא כמו הגלים. עננים וגלים באים והולכים, השמיים והאוקיינוס נשארים.

4

הטבע הינו חלק הכרחי מהחיים על פני כדור הארץ. כל דבר מסתמך על הטבע כדי לחיות. אנחנו איננו שונים מהטבע; אנחנו חלק ממנו ואנחנו תלויים בו. חיינו תלויים ברווחתו של השלם. על כן, דאגה וטיפול אוהב בכל הדברים החיים הם מחובותינו הנעלות ביותר.

5

ראו באיזו קלות הטבע גובר על מכשולים. אם ישנה אבן מונחת בדרכה של נמלה קטנטנה, הנמלה פשוט הולכת מסביב לאבן וממשיכה בדרכה. אם ישנו סלע במקום בו צומח עץ, העץ פשוט יצמח מסביב לו. באותה הדרך, נהר ימשיך לזרום מסביב לגזע שחוסם את דרכו. כך גם אנחנו, צריכים ללמוד להסתגל לכל נסיבות החיים, להתגבר עליהם, בסבלנות ובהתמדה.

6

כאשר נמצא הרמוניה בתוכנו, הדבר יועיל לטבע וישתקף דרך הבריאה. כאשר לא תהיה בנו הרמוניה נפשית, ההרמוניה בטבע גם כן תלך לאיבוד. לדוגמא, במקומות רבים בעולם כיום, יש יותר מידי גשם או שאין מספיק גשם. זוהי השתקפות של חוסר ההרמוניה שלנו בטבע. ברגע שהמיינד האנושי נמצא בהרמוניה, ההרמוניה של הטבע תתרחש באופן ספונטני. במקום בו יש ריכוז, ישנה הרמוניה.

7

במערכת יחסים מושלמת בין האנושות והטבע נוצר שדה אנרגיה מעגלי בו האחד זורם אל תוך השני. במילים אחרות, כשאנו בני האדם מתאהבים באמא טבע, היא תתאהב בנו. היא תפסיק להסתיר מפנינו דברים. בפותחה את אוצרות העושר הנצחיים שלה, היא תרשה לנו ליהנות מהם. כמו אמא, היא תגן עלינו, תטפח ותזין אותנו.

8

הטבע היא אמנו הראשונה. היא מגדלת אותנו במהלך חיינו. אמנו הביולוגית אולי מרשה לנו לשבת בחיקה למשך מספר שנים, אך אמא טבע נושאת בסבלנות את משקלינו במשך כל ימי חיינו. היא שרה שיר ערש לפני השינה, מאכילה אותנו ומלטפת אותנו. כשם שילדים מחויבים לאמם הביולוגית, כך כולנו צריכים להרגיש מחויבות ואחריות כלפי אמא טבע. כשאנו שוכחים את האחריות הזו, זה שקול ללשכוח את עצמנו.

9

מדוע לא נוקיר תודתנו לאמא אדמה, אשר מספקת לנו בסבלנות את חיקה לרוץ לקפוץ ולשחק עליה? האין אנו צריכים להיות אסירי תודה לציפורים השרות עבורנו, לפרחים הפורחים בשבילנו, לעצים המספקים לנו צל ולנהרות הזורמים בשבילנו?

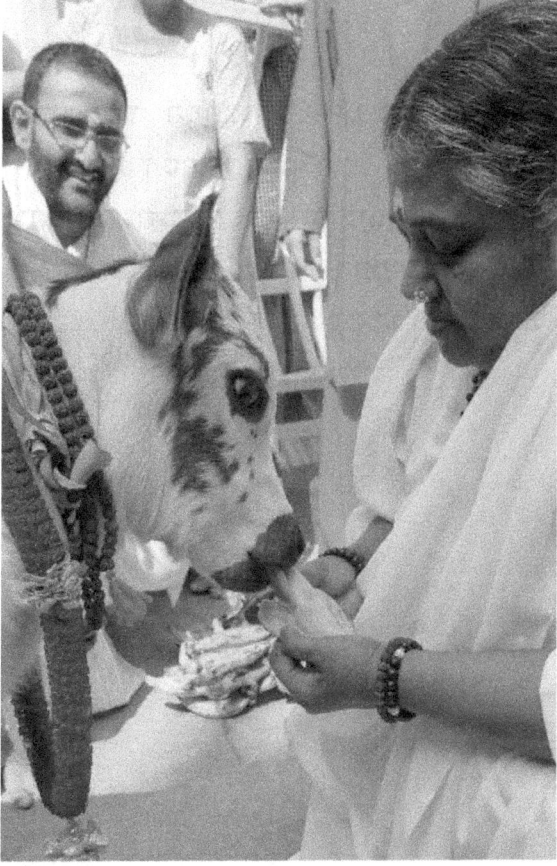

10

גורם אחד המחבר בני אדם לטבע הוא התמימות הטבועה שבתוכנו. כאשר אנחנו רואים קשת בענן או גלים בים, האם אנחנו עדיין חשים את האושר התמים של ילד? התבוננו ביופיו של הטבע עם המודעות שכל זה הוא ביטוי ייחודי של האלוהי.

11

אין כל טעות בבריאה של אלוהים, כל ייצור וכל חפץ אשר נברא על ידי אלוהים הוא מיוחד לגמרי.

12

כל דבר בטבע הוא נס מופלא. ציפור קטנה המתעופפת בשמיים הרחבים , האין זה נס? דג קטנטן השוחה במעמקי באוקיינוס, האין הוא נס?

13

ישנם מספר דברים בחיים, אשר מעוררים התלהבות ורעננות בכל פעם שאנו חושבים עליהם או חווים אותם. הים לדוגמא, לא משנה כמה פעמים אנו מתבוננים בים, אנחנו לעולם לא מרגישים שזה מספיק. ישנו היבט של נצחיות בים. אותו דבר עם השמיים. כך הוא הקשר שאנו מרגישים כלפי הטבע, אנחנו תמיד יכולים למצוא בו התחדשות.

14

התודעה חודרת כל דבר. תודעה זו מקיימת את העולם ואת כל היצורים בו. לסגוד לכל דבר- לראות את האלוהי בכל- זוהי המלצת הדת. גישה כזו מלמדת אותנו לאהוב את הטבע. חישבו על הניסים שבטבע. הגמלים מבורכים בתיק מיוחד לאחסן מים. לקנגורו יש עריסה לנשיאת התינוק עמו לכל מקום אשר ילך. גם ליצורים או לצמחים הנראים הכי חסרי חשיבות ואפילו לכאורה מזיקים יש בהם שימוש מסוים. העכבישים שומרים על אוכלוסיית חרקים מאוזנת, הנחשים שומרים על אוכלוסיית המכרסמים תחת בקרה, ואפילו הפלנקטון, החד-תאי, הקטנטן באוקיינוס משמש כמזון ללוויתנים. לכל אחד מהם יש תפקיד משלו במשחק.

15

לכל דבר ביקום יש קצב. הרוח, הגשם, הגלים, זרימת הנשימה שלנו ודופק הלב- יש קצב לכל דבר. בדומה לכך, ישנו מקצב לחיים. מחשבותינו ומעשינו הם אלו היוצרים את הקצב ואת המנגינה. כאשר קצב מחשבותינו אובד, זה משתקף במעשינו. וזה, בתורו, יזרוק אותנו מחוץ לקצב החיים עצמם. אנו רואים שזה מה שמתרחש סביבנו כיום.

16

החיים מלאים באור האלוהים. אך רק באמצעות אופטימיות תוכלו לחוות את האור הזה. ראו את אופטימיות הטבע. דבר לא יכול לעצור אותו. כל היבט בטבע תורם ללא לאות את חלקו לחיים. ההשתתפות של כל ציפור קטנה, בעל חיים, עץ או פרח היא תמיד שלמה. לא משנה מהו הקושי, הם ימשיכו לנסות בכל הלב.

17

תיהנו מיופיו של הטבע עם המודעות שכל זה הוא ביטוי של האלוהי.

18

כוכבים נוצצים בשמיים, נהרות זורמים באושר, ענפי העצים רוקדים ברוח, הציפורים פוצחות בשיר. עליך לשאול את עצמך, "מדוע אני מרגיש כל כך אומלל, כאשר אמי חי באמצע החגיגה השמחה הזו"?

19

לפרחים, כוכבים, נהרות, עצים וציפורים, אין אגו. ובתור חסרי אגו דבר אינו יכול לפגוע בהם. בהיותך חסר אגו אתה יכול רק לשמוח. אפילו אירועים שלרוב מכאיבים הופכים לרגעי אושר.

20

כשם שהטבע יוצר את הנסיבות האופטימליות בשביל אגוז קוקוס על מנת שיהפוך לעץ קוקוס, ובשביל זרע על מנת שיהפוך לעץ פרי ענק, כך הטבע יוצר את הנסיבות ההכרחיות דרכן נשמה אינדיבידואלית יכולה להגיע לישות העליונה ולהתמזג באיחוד נצחי.

21

הטבע הוא ספר לימוד ממנו עלינו ללמוד. כל אובייקט בטבע הוא עמוד בספר. כל אובייקט בטבע מלמד אותנו דבר מה. השיעורים החשובים ביותר שאנו יכולים ללמוד מהטבע הם ויתור וחוסר אנוכיות.

22

הטבע נותן את כל עושרו לבני האדם. בדיוק כשם שהטבע בחסדו משרת, מגן ועוזר לנו, כך זוהי אחריותנו לעזור לטבע בתמורה על השירות והמסירות שלו. רק אז תשמר ההרמוניה בין הטבע לאנושות.

23

כאשר אנו חיים בהרמוניה עם הטבע, באהבה ובאחדות, יש בנו הכוחות להתגבר על כל משבר.

24

בני אדם יכולים ללמוד דברים רבים מהטבע. הביטו בעץ התפוח, הוא נותן צל אפילו לאיש הכורת אותו. הוא גם נותן את כל פירותיו המתוקים והעסיסיים ואינו שומר אף לא אחד לעצמו. כל קיומו הוא למען יצורים חיים אחרים. בדומה לכך, כל אחד יכול לרחוץ בנהר. הנהר שוטף את הלכלוך של כולם ואינו מצפה לדבר בתמורה. ברצון הוא מקבל את כל הזיהומים ומחזיר טוהר, מקריב הכל בשביל אחרים. ילדים, כל אובייקט בבריאה מלמד אותנו הקרבה.

25

הביטו בקסמו של הטבע. הביטו ביקום המדהים הזה ובצורה ההרמונית בה מתפקד כוכב הלכת שלנו וכל כוכבי הלכת האחרים. התבנית העצומה של היופי והסדר שמהווים את הבריאה מבהירים לנו שישנו לב גדול וחכמה רבה מאחורי הכל ללא אינטליגנציה קוסמית, ללא כוח אוניברסלי השולט בכל, איך ייתכנו יופי וסדר מושלם כזה?

26

הבריאה אינה מקרית, השמש, הירח, האוקיינוס, העצים, הפרחים, ההרים והעמקים אינם תאונות מקריות. כוכבי לכת נעים סביב השמש מבלי לסטות אפילו אינץ' ממסלולם הקבוע מראש. האוקיינוסים מכסים אזורים נרחבים מכדור הארץ מבלי לבלוע את העולם כולו. אם הבריאה היפיפייה הזו הייתה מקרית היא לא הייתה יכולה להיות כה מסודרת ושיטתית.

27

נחישותה של הישות העליונה נמצאת מאחורי כל הדברים. מאחורי פריחתו של פרח, ציוצה של ציפור, תנועת הרוח ולהבות האש. זהו הכוח שבאמצעותו מתפתחים כל הדברים, הכוח אשר מקיים את כל הדברים. נחישות אלוהית זו היא הגורם הבסיסי בכל לידה, התפתחות ומוות של כל היצורים החיים, היא הסיבה לבריאה כולה. כוחה של הישות העליונה מקיים את העולם. ללא כוח זה העולם יחדל מלהתקיים.

בכתבים נאמר, "אִישָׁוָסְיַאמִידַם סָרְוָאם": תודעת האל נצוּרה בכל הדברים. האדמה, העצים, הצמחים ובעלי החיים הם כולם התגשמויות אלוהים. על כן, עלינו לפתח עניין ואהבה כלפי הטבע, וכמו כן, בין אדם לחברו.

29

כאשר מתוך תמימותנו המולדת, אנו מאמינים בישות עליונה ומתמלאים בנאמנות, נראה את האלוהי בכל דבר. בכל עץ וחיה, בכל היבט בטבע. גישה זו מאפשרת לנו לחיות בהרמוניה מושלמת ובהתאמה עם הטבע.

30

תפילה ממוקדת תשיב אל הטבע את ההרמוניה שאבדה. אפילו אם אין אף אחד שיקשיב לתפילה, אמא טבע שומרת תיעוד של כל אחת מתפילותינו הכנות.

31

במציאות, ההתקדמות והשגשוג של האנושות תלויים אך ורק בטוב שאנשים עושים לטבע. על ידי ביסוס קשר אוהב בין הטבע לאנושות, אנו מבטיחים את האיזון בטבע ואת שגשוג האנושות גם יחד.

32

החובה הדחופה ביותר של בני האדם היא לְרַצות את הטבע על ידי עשיית פעולות לא-אנוכיות ושופעות אהבה אמונה ויושר. כאשר זה נעשה, הטבע יברך אותנו בחזרה בשפע.

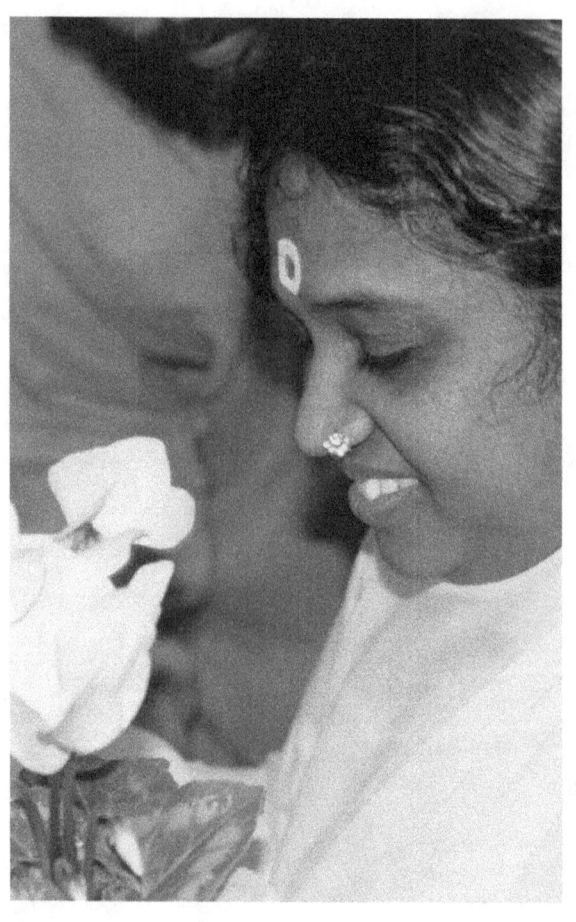

33

זה לא נכון לבזבז בגלל חוסר אכפתיות וחוסר תשומת לב. כל אובייקט נברא על מנת לשמש דבר מה. לכל דבר בבריאה יש מטרה מוגדרת.

34

האנושות תלויה בטבע מעצם כדי להתקיים. האמת היא שלא אנחנו הם אלו שמגנים על הטבע, אלא הטבע מגן עלינו.

35

הטבע מקריב עצמו למען האנושות, בזמן שאנו לא רק מנצלים אותו, אלא גם משמידים אותו. אף על פי כן, הטבע משרת אותנו.

36

בימים עברו, לא היה צורך מסוים בשמירה על הסביבה היות והגנה על הטבע היתה חלק מהסגידה לאלוהים ולחיים עצמם. מעבר ללזכור את "אלוהים" אנשים נהגו לשרת ולאהוב את הטבע ואת החברה. הם ראו את הבורא מבעד לבריאה. הם הגנו, סגדו ואהבו את הטבע כצורתו הנראית לעין של אלוהים.

37

אמא טבע משרתת אותנו; השמש, הירח והכוכבים כולם משרתים אותנו. מה אנחנו יכולים לעשות בתמורה לשירות חסר האנוכיות שלהם?

38

כשהמדע מתקדם, ערים וארגונים עסקיים צומחים במקביל. עם גדילת אוכלוסיית בני האדם בערים, גם כמות הפסולת עולה בהתאם. על כן, עלינו לגלות אמצעים מדעיים על מנת להתמודד כיאות עם הפסולת הזו. אם לא, הסביבה הטבעית שלנו תדעך, תתבלה ומחלות יופצו. אנחנו מוכרחים לשאוף כמה שאפשר למחזר ולעשות שימוש חוזר בפסולת. לאמא טבע יש את הדרכים המופלאות שלה לעשות שימוש חוזר ולמחזר פסולת, ובכך נשמרים החיים. הבה נהפוך זאת למטרתינו ליצור עולם נטול פסולת.

39

אנחנו צריכים להתאמץ להחדיר ערכים בילדינו בגיל צעיר. עלינו ללמד אותם לאהוב האחד את השני. עלינו למלא את תוכניות הלימודים בבתי הספר ובמכללות בשיעורים על אהבה וחמלה, ולעזור לשים קץ לניצול של המדוכאים. אם נעשה זאת, מלחמה ותקריות אלימות ייפחתו ונוכל במידה מסוימת להגשים את החלום לשלום עולמי. כאשר האהבה ההדדית תצמח גם הטבע יהפוך שליו.

40

הביטו ביופיו של הטבע. חיים בהרמוניה עם הטבע בעצמם יביאו שמחה ונחת.

41

הדור הנוכחי חי כאילו שאין לו שום מערכת יחסים עם הטבע. כל דבר מסביבנו הוא מלאכותי. היום, אנחנו אוכלים פירות ודגנים שגדלו עם חומרי הדברה ודשנים מלאכותיים. אנו מוסיפים חומרים משמרים על מנת להאריך את חיי המדף שלהם. בצורה כזאת, במודע או לא במודע, אנחנו אוכלים רעל באופן קבוע. כתוצאה מכך הרבה מחלות חדשות מופיעות. למעשה, לפני זמן רב, תוחלת החיים הממוצעת עמדה על יותר ממאה שנים, אך היום אנשים חיים רק שמונים שנה או פחות, ויותר מ-75 אחוז מהאוכלוסיה יסבלו ממחלה כזאת או אחרת.

42

הרצון להגדיל תוצרת מביא לרוב לכדי שימוש בדשנים מלאכותיים ובחומרי הדברה. בגלל תאוות הבצע הזו אנו שוכחים לאהוב את הצמחים. בלון יכול להיות מנופח עד גבול מסוים, שלאחריו אם תמשיך לנשוף לתוכו אוויר הוא יתפוצץ. בדומה לכך, לזרע יש גבול מסוים של תנובה שהוא מסוגל להניב. אם אנחנו ממשיכים לנסות להגדיל את תנובתו על ידי שימוש באמצעים מלאכותיים, העניין יפגע בחוזק ואיכות הזרע, ואף יגרום נזק לאלו האוכלים אותו.

43

בגרימת נזק לצמחים אתם מאריכים את הקארמה שלהם. האנוכיות שלכם חוסמת את התפתחותם למיני חיים גבוהים יותר ומונעת מהם להגיע לחופש הנצחי.

44

ההמצאות המדעיות מועילות מאד. אולם הן אינן צריכות ללכת כנגד הטבע. המדע הגיע לשיאים שאין להם שיעור, אך למרבה הצער, איבדנו את היכולת לראות בבהירות את האמת השלמה של הדברים ולהשתמש ביכולת הבחנה. מדען צריך להיות מאהב אמיתי, האוהב את האנושות, אוהב את הבריאה כולה ואוהב את החיים.

45

כשאנוכיותינו גוברת, אנו הופכים למנוכרים מן הטבע ומתחילים לנצל אותו. השימוש בטבע למען צרכינו מתקבל על הדעת, אבל לקחת יותר ממה שאנחנו צריכים משנה את הנסיבות והופך לניצול. עלינו לזכור שכאשר אנו לוקחים יותר ממה שאנו צריכים, אנו הורסים חיים של צמח או בעל חיים אחר.

46

הביטו ביופי ובשלמות הטבע. הטבע כֹה מלא שמחה, אפילו שאין לו האינטלגנציה שישנה לאדם, הבריאה כולה עליזה. לפרח יש תוחלת חיים קצרה, ועדיין הוא מציע עצמו מכל הלב לאחרים, הוא מציע את הצוף שלו לדבורים, וזה מביא שמחה.

47

אמא טבע מנוצלת, על אף המתנות הנפלאות והברכות שהיא מרעיפה עלינו. עדיין, אמא טבע נושאת הכל בסבלנות ומברכת את האנושות בשגשוג ועושר עצום.

48

מתוך חמלה ואהבה חובקת-כל של אלוהים, הוא מעורר השראה ומדריך את כל יצורי העולם להיות סבלניים ומלאי חמלה כלפי בני האדם, אפילו שבני האדם אינם מחזירים להם אהבה.

49

בהיותם אף-פעם לא מסופקים ובחמדנותם להשיג ולרכוש עוד, בני האדם עושים כל מיני פעולות נלוזות, המזהמות ומנצלות את אמא טבע. רוויי אנוכיות, האנשים שוכחים שזוהי אמא טבע ממנה קיבלנו הכל, ובלעדיה, נאבד הכל.

על פי הסָנָטָאנַה דְהָארְמַה, הדת הנצחית, הטבע איננו שונה מבני האדם. ישנה מנטרה שאנו מדקלמים בכל יום, ”לוֹקָה סָאמַסְטָה סוּקְהִנוֹ בְהָאוָנְטוּ“, שמשמעותה היא, מי יתן וכל היצורים בכל העולמות יהיו בשלום ובאושר. כל הטבע כלול בכך. כל ממלכת הצמחים ובעלי החיים, והבריאה כולה. הסָנָטָאנַה דְהָארְמַה מלמדת אותנו לראות אחדות במגוון, וזו בדיוק מהות המנטרה הזו.

51

הטבע הוא גן פרחים ענק. בעלי חיים, ציפורים, עצים, צמחים ואנשים הם פרחי הגן, הפורחים בשיא תפארתם במגוון צבעים. היופי של הגן מגיע לשלמות רק כאשר כל אלו מתקיימים באחדות, ובכך מפיצים את תנודות האהבה והאחדות. בואו ונעבוד יחד כדי למנוע ממגוון הפרחים האלו לנבול, כך שהגן ישאר יפיפה לנצח.

52

על פי המדע המודרני, עצים וצמחים מגיבים למחשבות ולפעולות של בני האדם. מדענים יצרו כלים אשר מסוגלים להבחין ולרשום את הרגשות של הצמחים ובמקרים מסוימים אפילו למדוד את עוצמת רגשות אלו. הם הבחינו שבהפגנת פעולות חסרות אהבה ובהיעדר חמלה, גם הצמחים סובלים. לפני שנים רבות, הקדושים והחכמים של הודו הבינו אמת נהדרת זו, וחיו חיים לחלוטין ללא פגיעה.

53

הטבע הוא כמו אווזה המטילה ביצי זהב. אם אנו חושבים שאנחנו יכולים לתבוע לרשותינו את כל ביצי הזהב על ידי הריגת האווזה, התוצאה תהיה הרס מוחלט לאנושות. למען ההישרדות שלנו ושל הדורות הבאים, אנחנו מוכרחים להפסיק לזהם ולנצל את הטבע.

54

בני האדם, בחשיבתם ומעשיהם האגוצנטריים, זיהמו את האטמוספירה. האטמוספירה מלאה לגמרי בעשן רעיל ובגזים ממכוניות, אוטובוסים ומפעלים, אבל הרעל הגרוע מכל שמזהם את האטמוספירה מקורו במחשבות אנוכיות ומזיקות של בני האדם.

55

רק על ידי אהבה והערכת הטבע נגיע להתעוררות רוחנית. מטרתינו היא להרגיש חיים בכל מקום.

56

הטבע הוא קָלְפָּה – וְרַקְשָׁה, עץ מִשאלות, הנותן לאנושות את כל השפע. אבל היום, מצבנו הוא כמו של שוטה, המנסר את הענף עליו הוא יושב.

57

אפילו אם יש בידינו רק חלקת אדמה קטנטנה, עלינו לנסות לגדל כמה ירקות על ידי שימוש בדשן אורגני. בזמן שאנחנו מעבירים עם הצמחים, עלינו לדבר אליהם, לנשקם ולשיר להם. מערכת היחסים הזו תעניק לנו חיוניות חדשה.

58

כל אחד יודע שבני אדם אינם יכולים לחיות במדבר. אם לא יבוצע טיהור אטמוספרי הבריאות של בני האדם תדרדר. עלינו לגדל עצים רבים וגם צמחי מרפא, היות והם מנקים את האוויר. מחלות רבות יימנעו אם ננשום אוויר, שבא במגע עם צמחי מרפא.

יש האומרים שעלינו לנטוע שני עצים על כל עץ שאנחנו כורתים. אך גם זה עדיין לא הולם. יש הבדל גדול בין מה שעץ גדול אחד מספק לבין מה ששני עצים קטנים מספקים. אם נוסיף כמות קטנה יותר מהדרוש של חומר חיטוי למים, השפעת החומר תיקטן. אם תרופה אָיוּרְוֵדִית המורכבת מעשרה רכיבים, תורכב משמונה בלבד, התרופה לא תביא להשפעה הרצויה. בדומה לכך,כאשר שני שתילים צעירים מחליפים עץ גדול, הדבר מפר את האיזון של הטבע.

60

לפני שנים רבות, קדושים וחכמים מהודו אשר חקרו לעומק תודעתם, הצהירו שלעצים וצמחים יש גם כן רגשות ושהם גם מסוגלים לבטא את רגשותיהם במידה מסוימת. כאשר אנו מאמצים גישה אוהבת וחומלת כלפי העצים והצמחים אנו יכולים ללמוד להקשיב ולהבין אותם.

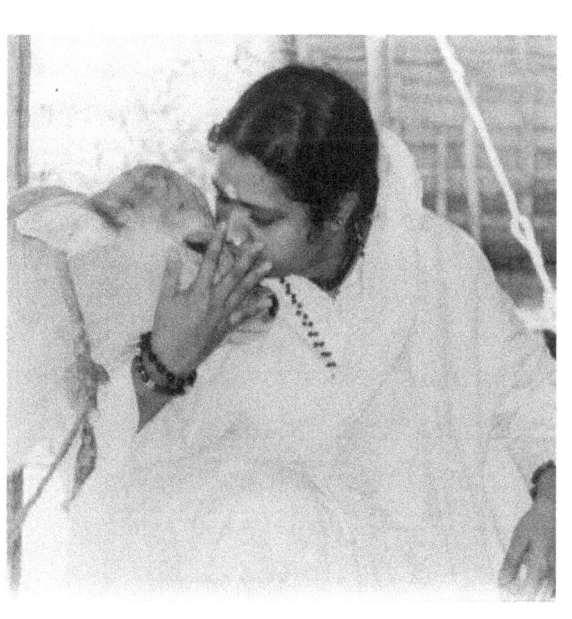

61

כאשר החכמים הקדומים הורו לנו לסגוד לעצים, הם לימדו את העולם את חשיבות השמירה וההגנה על הטבע. היות ועצים נכרתים ללא כל צורך אנחנו לא רואים כמות גשם ראויה במהלך עונת המונסון. גם הטמפרטורה מוסיפה לעלות ותנאי האקלים משתנים בכל העולם. העצים מטהרים את האטמוספירה, סופגים את דו-תחמוצת הפחמן שאנו נושפים, הם מסייעים להרמוניה של הטבע. אפילו סגידה והגנה מנטלית על העצים, שנותנים לנו כל כך הרבה דברים טובים, תביא תועלת.

62

במטרה לענות על צרכי החיים, זו לא טעות לכרות עצים וללקט צמחי מרפא מהיערות. זה בהחלט נחוץ שיהיה לנו בית שיגן עלינו מהגשם והשמש. אבל זה לא נחוץ לבנות בית שיציג לראווה את עושרינו ואת אורח חיינו המפואר. כריתת מספיק עצים כדי לבנות בית היא לא מעשה אֲדָהַרְמִי (לא צודק). פעולה הופכת לחטא כאשר אנו מבצעים אותה ללא אבחנה וללא מודעות.

63

כיום, האיום הגדול ביותר לאנושות הוא לא מלחמת עולם שלישית, אלא אובדן ההרמוניה של הטבע והיפרדותינו המתרחבת ממנו. עלינו לפתח מודעות כמו זו של אדם תחת איום אקדח. רק אז האנושות תוכל לשרוד.

יערות נהרסים ובינייני דירות קמים במקומם. ציפורים רבות בונות את קניהן על הבניינים האלה. אם נסתכל מקרוב על הקנים האלה נראה שהם נוצרו בעזרת חתיכות קטנות של פלסטיק וחוטי מתכת. זה משום שהעצים מתמעטים. בעתיד אולי לא יהיו עצים כלל. הציפורים לומדות להסתגל לסביבה החדשה שלהן.

65

נטעו עצים, זוהי ברכה לעשות זאת. עצים מאריכים את חיינו ומספקים פירות וצל לדורות הבאים. על כל אחד מאיתנו לנדור נדר לנטוע לפחות עץ אחד בחודש. בשנה, כל אדם ישתול 12 עצים. יחד אנחנו יכולים להשיב את היופי של הטבע אל פני העולם.

66

על כל משפחה לגדל עצים וצמחים בגינה שלה. נטיעת עץ היא שירות חסר אנוכיות לחברה. בדיוק כשם שאנו נהנים מנוכחות העצים שננטעו על ידי אנשים בעבר, כך גם אנחנו צריכים לנטוע למען הדורות העתידים לבוא. אם לא עשינו שום מעשים חסרי אנוכיות, עלינו לנטוע עץ או שתיל; זה יהיה מעשה חסר אנוכיות באמת, המועיל לנו ולאחרים.

67

ילדים, הטבע ניצב לפנינו כסמל של ויתור. כמו ההרים, הנהרות והעצים, כל דבר בטבע מלמד אותנו שיעורים בחוסר אנוכיות. הביטו בעץ, הוא נותן לנו פירות, צל ומעניק אוויר צלול. אפילו בזמן שהוא נכרת, הוא מציע צל לאדם המנסר אותו. בדומה לכך, כל יצור וישות בטבע מתרגלים ויתור בדרך כזו או אחרת.

ילדים, שום גרגר מהמזון שאנו אוכלים נוצר אך ורק מתוך המאמצים שלנו. מה שמגיע אלינו בצורה של מזון הוא עבודתם של אחרים, השפע של הטבע וחמלתו של אלוהים. אפילו אם יש בבעלותינו מליוני דולרים אנחנו עדיין צריכים מזון כדי לספק את הרעב שלנו. האם אנחנו מסוגלים לאכול כסף? ולכן, לעולם אל תאכלו דבר מבלי קודם להתפלל בצניעות ובהודיה.

בואו ניקח מהטבע רק את אשר אנחנו באמת זקוקים לו, וננסה במידה מסוימת לתת לו בתמורה. נניח שמספיקים שני תפוחי אדמה כדי להכין תבשיל. אם ניקח תפוח אדמה שלישי אנחנו פועלים ללא אבחנה. כאשר אנחנו לוקחים מאמא טבע יותר מהחלק המיועד לנו, אנחנו גם מתכחשים לחלקם של אחרים. אולי השכן שלנו, שאין לו מספיק אוכל, היה יכול להכין ארוחה. על כן, כשאנחנו מנצלים את הטבע, אנחנו גם מנצלים אחרים.

כאשר חמלה זורחת בתוכנו, אנו נייחל לעזור ולהגן על כל היצורים. במצב כזה, לא נרצה לקטוף אפילו עלה אחד שלא לצורך. לקטוף עשרה עלים כשיש צורך בחמישה בלבד זה הוא מעשה אָדְהַרְמִי (לא צודק). נקטוף פרח רק ביום האחרון לקיומו, ממש לפני שהוא נופל מגבעולו. נחשיב זאת כמזיק מאד עבור הצמח, אם נקטוף את הפרח, מתוך חמדנות, ביום הראשון לקיומו.

71

זרם האהבה האין סופי הזורם ממאמין אמיתי כלפי הבריאה כולה ישפיע באופן עדין ומרגיע על הטבע. האהבה שלנו היא ההגנה הטובה ביותר על הטבע.

צורך השעה לטפח חברה של טובי-לב. בתור יצורים רוחניים עלינו לחתור לקיים חיים טהורים וישרים של הקרבה. ישות רוחנית צריכה להיות כמו העץ הַמצֵל גם על האדם הכורת אותו. ישות רוחנית צריכה להיות כמו הרוח הנושבת באופן שווה גם על צואה וגם על פרח.

73

אתם לא תורשו להיכנס לממלכה של אלוהים מבלי לאסוף את חתימת ההסכמה של הנמלה הקטנה ביותר בטופס הבקשה שלכם. הדרישה הראשונה לשחרור, ביחד עם ההיזכרות התמידית בישות הנעלה, היא לאהוב את כל היצורים, המודעים והלא מודעים. כשיתהווה בכם לב נעלה כזה, החופש לא יהיה הרחק מאחור.

74

כל אחד שיש בו אומץ הדרוש כדי להתגבר על מגבלות המיינד, ישיג את מצב האמהות האוניברסלית. אלו הן חמלה ואהבה המורגשות לא רק כלפי ילדו שלו, אלא גם כלפי כל האנשים, בעלי החיים, הצמחים, הסלעים והנחלים. זוהי אהבה המתרחבת כלפי הטבע כולו וכל היצורים. זה אשר הגיע למצב בו אמהות אמיתית מתעוררת, כל היצורים הם ילדיו. התעוררות זו של אהבה, אמהות זו, זוהי אהבה אלוהית, זה הוא אלוהים.

75

היום אנחנו מודעים לצורך להגן על אמא טבע וכמובן שזה הכרחי. אבל אנחנו חייבים גם להיות מודאגים בקשר לזיהום הסביבה הפנימית שלנו. המחשבות והפעולות השליליות שלנו יוצרות זיהום באטמוספירה ובתודעת האנושות. רק דרך אהבה וחמלה, הגנה ושמירה על הטבע אפשרית.

76

בהעדר ערכים ודרך חיים הגונים, הטבע החל להגיב. ככל שהעצים מתמעטים, כך גם הגשם פוחת. כשהגשם אכן מגיע, הוא מגיע בזמן הלא נכון. אותו דבר קורה עם אור השמש. בימים אלו הוא מגיע יותר מידי חזק או מעט מידי. אלו הן כמה מתוצאות פעולותינו וגישותינו השגויות.

פעולות ומחשבות שליליות מזהמות את האטמוספירה ואת תודעת האנושות. אם לא נשנה את דרכינו, אנו סוללים את הדרך להרס העצמי שלנו. זה הוא לא עונש, אלא פצע שאנחנו גורמים לעצמינו. אנחנו לא עושים שימוש במתנות שאלוהים מספק לנו, לחשוב, להבחין בין טוב לרע, ולפעול בחוכמה.

ילדיי, השמירה על הטבע צריכה להיות גבוה בסדר העדיפויות שלנו. אנחנו חייבים לשים סוף לנוהג הזה של השמדת הסביבה בשביל כסף וצרכים אנוכיים קצרי הטווח שלנו. אין לנו שום זכות להרוס. רק אלוהים יכול לברוא, לקיים ולהרוס. שלושת אלו הם מעבר לסמכותנו.

79

החיים הופכים מלאים כאשר והאנושות והטבע נעים יחד, יד ביד, בהרמוניה. כאשר המנגינה והקצב משלימים זו את זה, המוזיקה נהיית יפה ונעימה לאוזן. בדומה לכך, כשאנשים חיים לפי חוקי הטבע, החיים הופכים להיות שיר יפיפה.

80

אלוהים שוכן לא רק בבני האדם אלא גם בבעלי החיים ובכל סוגי החיים.- בהרים, בנהרות, בעמקים ובעצים. בציפורים, בעננים, בכוכבים, בשמש ובירח. בכל מקום. אלוהים שוכן ב- ”סָארְוָצַ׳רָאצַ׳רָה“, כל אשר נע ושאינו נע. איך אדם המבין זאת יכול להשמיד ולהרוג?

81

מחפשי אמת ומאמינים אמיתיים לא יכולים להרע לטבע, היות והם רואים את הטבע כאלוהים עצמו. הם אינם חווים את הטבע כדבר הנפרד מהם עצמם. הם אוהבי הטבע האמיתיים. במקום בו אין מיינד או אגו, אתה הופך אחד עם הקיום כולו. ילדים, כאשר אתם אחד עם הבריאה, כאשר ליבכם מלא בשום דבר מלבד אהבה, הטבע כולו יהיה חברכם וישרת אתכם. היקום עם כל היצורים שבו הוא חברכם.

תוך התבוננות באמא טבע ובדרך הנתינה חסרת האנוכיות שלה, אנו יכולים להתוודע אל מגבלותינו. זה יעזור לנו לפתח דְבקות וכניעה לישות הנעלה. הטבע יכול לקרב אותנו לאלוהים וללמד אותנו איך באמת לסגוד לאלוהי.

83

רק דרך אהבה וחמלה מתאפשרת השמירה על הטבע והגנתו. אבל שתי האיכויות האלו מתמעטות במהרה אצל בני האדם. על מנת להרגיש אהבה וחמלה אמיתיות, האדם חייב להבין את אחדות כוח החיים המקיים הכל, והוא התשתית ליקום כולו.

84

הנוער של היום הוא עמוד התווך של עולם המחר. לצעירים יש פוטנציאל לחולל שינוי גדול בעולם. הנוער המסור שלנו יכול לעורר השראה אצל אחרים, בכך שיחבֵּרו זה לזה כדי ליצור יוזמות להגנה על אמא טבע. עלינו לתעל את האנרגיה שלהם למטרה טובה.

85

כדור הארץ לא יכול להשתנות לטובה מבלי שראשית תשתנה תודעתם של האנשים. אנחנו יכולים להתחייב להגביר את מודעותינו, באמצעות החדרת משמעת למיינד שלנו דרך מדיטציה, תפילה וחשיבה חיובית. אנו יכולים להתחייב למידת מוסר עולמית של הבנת זה את זה, לדרך חיים חברתית, מטפחת שלום ודרך חיים ידידותיות לטבע. עם לקיחת סיכון ונכונות להקריב יוכל להיווצר שינוי בסיסי במצבינו.

מדיטציה, תפילה, שירת מנטרות, ותרגולים רוחניים נוספים, הם הגאולה שלנו. יראת הכבוד והִדבקות שבני האדם פיתחו דרך האמונות הדתיות מועילות מאד. גם לאנושות וגם לטבע. דקלום מנטרה או תפילה עם התמקדות בהחלט ייצרו שינוי חיובי בטבע ויעזרו להשיב את ההרמוניה.

87

אנו עשויים לפקפק, האם יש לנו הכוח להשיב את האיזון האבוד בטבע. אנחנו יכולים לשאול- "האין אנו, בני האדם, מוגבלים מידי?" לא, אנחנו לא! יש בנו כוח אין סופי, אך אנחנו שרויים בשינה עמוקה ולא מודעים לכוחנו. הכוח הזה יעלה כשנתעורר מבפנים.

88

אדם המתאחד עם התודעה העליונה, מתאחד גם עם הבריאה כולה. אדם כזה הוא כבר לא רק גוף, אלא הופך לכוח החיים הזורח בתוך ודרך כל הדברים. הוא או היא נהיים התודעה המספקת את יופיה וחיוניותה לכל הדברים.

89

מַהָאטְמוֹת (נשמות מוארות) יכולות לבטא את עצמן דרך השמש, הירח, האוקינוס, ההרים, העצים ובעלי החיים, דרך היקום כולו. כאשר אדם הוא חסר אגו, האדם הוא הכל. היקום כולו מתאחד עם ישות מוארת.

יותר ממה שמספק המדע המודרני, זוהי ההבנה העמוקה של הדת, האמת של אחדות הבריאה כולה, המלמדת אנשים לאהוב את הטבע ולפתח תחושה של כבוד ומסירות כלפי כל היצורים. אתם עלולים להרגיש, שלהרוס צמח או עץ יהיה פחות שגוי מלהרוג בן אדם. הרעיון הזה שגוי.

91

לצמחים ועצים יש גם רגשות והם יכולים לחוש פחד. כאשר מישהו ניגש לעץ או לצמח עם גרזן או סכין, הצמח מפחד. הוא רועד מפחד. אתם צריכים אוזן עדינה כדי לשמוע את הבכי שלו, עין עדינה כדי לראות את חוסר האונים שלו, ומיינד עדין כדי להרגיש את הפחד שלו. אתם לא רואים אותו סובל, אבל אתם יכולים לחוש זאת עם לב חומל. על מנת לראות את הסבל של הצמח, עין המיינד שלכם מוכרחה להיות פקוחה. למרבה הצער, אינכם רואים דברים עדינים עם העיניים החיצוניות שלכם. בגלל זה אתם הורסים צמח או עץ חסר אונים.

92

כאשר בני האדם משמחים את הטבע על ידי מחשבות טובות ומעשים טובים, הטבע מברך אותנו בשפע יבול העולה על גדותיו. ישנו פסטיבל מסורתי בקֶרלָה הנקרא פּוֹנגָל, שפירושו "להציף". בזמן זה אהבת האנושות את הטבע ואהבת הטבע את האנושות עולות על גדותיהן, כאשר המיינד האוניברסלי והמיינד האינדיבידואלי שופעים, כדי להפוך לאחד.

כאשר אתה משתחווה בפני הקיום כולו,
בצניעות מוחלטת, היקום משתחווה לך
ומשרת אותך.

נאמר שתוחלת החיים של הפרפר נעה בין כמה ימים לשבוע אחד. אף על פי כן באיזו שמחה הוא מתעופף סביב! הוא מפזר אושר והנאה לכולם. ככה חיינו צריכים להיות.

היתה תקופה בה כולם נטשו את אָמַּה בגלל דרכיה הבלתי רגילות. כשזה קרה, היו אלה הציפורים ובעלי החיים שבאו לטפל בה. נשר אחד היה עף מעליה ומפיל למטה דג, שאותו אָמַּה היתה אוכלת נא. כלב אחד נהג להביא לה חפיסות מזון. כאשר היתה יוצאת מסָמַדְהִי (מצב של אושר עילאי) היתה ניגשת אליה פרה, נעמדת לפניה בתנוחה כזו, שאָמַּה יכלה לשתות כמה שרק רצתה ישירות מהעטינים שלה.

96

כאשר אנחנו רואים את אמא טבע כהתגלמות של האלוהים, אנו נשרת אותה ונגן עליה אוטומטית. אם ניגש לטבע באהבה, הוא ישרת אותנו כמו החבר הכי טוב שלנו. חבר שלא יאכזב אותנו.

ילדים שלי, הסתכלו על הטבע ודמיינו את הישות האלוהית האהובה עליכם בעצים, בהרים, ובעצמים אחרים. שוחחו עם אהובכם. דמיינו את הישות האלוהית האהובה עליכם עומדת בשמיים וקראו לה או לו. הביעו כל צער שיש בכם; מדוע צריכים אתם לספר על יגונכם לאחרים?

98

הגיע הזמן להקדיש מחשבה רצינית להגנת הטבע. הרס הטבע הוא שם נרדף לחורבן האנושות. עצים, בעלי חיים, ציפורים, צמחים, יערות, הרים, אגמים ונחלים, כל דבר אשר קיים בטבע, זקוק נואשות לחסדינו, לטיפולנו הרחום ולהגנתינו. אם נגן עליהם, הם יגנו עלינו בתמורה.

99

הטבע מפיק תועלת מריכוז של אנשים רוחניים. תפילה וריכוז רוחני הם אמצעים עוצמתיים לטיהור האטמוספירה. בד בבד, אנחנו גם יכולים לשאוב כוח רוחני, תקווה ואמון משהייה בטבע, דרך תפילה, שירת מנטרה ומדיטציה, במילים או בשתיקה.

כל מאמץ קטן שאנו עושים למען שמירת הסביבה הוא יקר ערך, היות והוא תורם לקיום החיים. הוא אפילו יקר ערך יותר מעושר חומרי מכל סוג שהוא. באמצעות בתי הספר שלנו אנחנו יכולים לעורר בילדינו עניין בהגנת הטבע, בדיוק כפי שעוררנו בהם עניין בצבירת כסף.

101

בסערת נפש בגלל מעשים לא הוגנים שבוצאו בה בידי בני אדם, אמא טבע החלה לסגת מברכותיה. תפקיד בני האדם הוא לרָצות אותה בדחיפות, באמצעות פעולות לא אנוכיות שופעות אהבה הדדית, אמונה וכנות. רק אז היא תזרום שוב ותברך את האנושות במשאבים בלתי נגמרים.

נניח ויש לכם עשרה זרעים. אכלו תשעה מהם אם אתם רוצים, אך השאירו לפחות זרע אחד לזריעה מחדש. שום דבר לא צריך להרס לחלוטין. אם אתם מקבלים מאה דולר בעבור יבולכם, לפחות עשרה דולר צריכים להינתן לצדקה.

בידיוק כשם שכדור הארץ נע מסביב לשמש במחזוריות סדירה, הטבע כולו נע בתבנית מחזורית. העונות נעות במעגל: אביב, קיץ, סתיו, חורף, ושוב אביב. מהזרע צומח העץ והעץ שוב יספק זרעים. באותו אופן,לידה, ילדות, בגרות, זקנה, מוות, ושוב לידה. זהו מחזור מתמשך. הזמן נע במעגל, לא בקו ישר. כל יצור חי חייב בהכרח לחוות את הקארְמַה ואת תוצאותיה, עד שהמיינד שוקט והאדם מסופק בהוויתו.

הביטו בורדים הרעננים. כמה יפים הם. איזה ריח מעודן הם מפיצים. אבל מה אנחנו נותנים להם על מנת שיצמחו? רק מעט עלי תה משומשים וצואת פרות! איזה הבדל עצום בין הפרחים היפיפיים האלה לבין הדשן הניתן להם. באותו אופן, המגבלות בחיינו הם הדשן שגורם לנו לצמוח ולהיות חזקים יותר מבחינה רוחנית. מכשולים אלו יעזרו ללבבותינו לפרוח במלואם.

105

זכרו תמיד, שכאשר מגיעה שעת בין ערביים, השחר כבר קיים ברחמה.

106

עלינו לזכור שכל דבר הינו בעל מודעות: כל הדברים מלאים בתודעה ובחיים. הכל קיים באלוהים. אין דבר שהוא חומר בלבד; התודעה קיימת לבדה. אם ניגש לכל המצבים בגישה הזו, הרס יהיה בלתי אפשרי עבורנו; רעיון ההרס עצמו נעלם. הכל קיים באלוהים.

107

ילדים, אהבה אלוהית היא טבענו האמיתי. אהבה זורחת בכל אחד ואחת מאיתנו. לא תיתכן שום התגשמות מכל סוג שהוא, ללא כוחה של אהבה מאחוריה.

108

הו רוח אלוהית, האם את רואה אותי כאן?
מי יתן וידייך הבוהקות ירעיפו עלי חסד,
בנותנך לי את הכוח להמשיך ולזכור אותך,
ואת הצער להמשיך לקרוא לך. את מקלטי
ונחמתי היחידה. עתיר באושר עילאי ויפהפה
הוא עולמך האלוהי! העלי אותי אל עולמך,
שם מנצנצים מליון כוכבים!